Lesezug – 1. Klasse

Liebe Mütter, liebe Väter, liebe Omas,
liebe Opas, liebe Tanten, liebe Onkel,
liebe Lehrerinnen und Lehrer!

Kinder, die zu lesen beginnen, greifen gerne zu
Büchern. Sie entdecken, dass Wörter Geschichten
ergeben, und wollen selbst lesen.

Die Ich-lese-selbst-Bücher aus der G&G-Lesezugreihe unterstützen diese Motivation und Freude durch ihr besonderes Konzept. Die Bücher sind in vier Kapitel eingeteilt, in denen sich die Textlängen mit den Kapiteln steigern. Im ersten Kapitel liest das Kind einen einfachen Satz pro Seite, der durch eine große Illustration unterstützt wird. Im vierten Kapitel liest es schon vier lange Sätze mit schwierigeren Wörtern. Dies entspricht dem natürlichen Verhalten eines Erstlesers. Die Geschichten regen nicht nur durch ihre Inhalte, sondern auch durch ansprechende Illustrationen zum Weiterlesen an.

Viel Freude beim Lesen und Unterstützen Ihrer Erstleser!

Ihr G&G Verlag
Lesepädagogisches
Lektorat

Elfriede Wimmer

Leonie und das Mutmach-Monster

Mit Illustrationen von
Sabine Kranz

Von Elfriede Wimmer unter anderem im G&G Verlag erschienen:
„Der Schlüssel zum Geisterhaus", Lesezug 4. Klasse, ISBN 978-3-7074-0351-4
„Sophie und die weißen Seidenschuhe", Leseprofi, ISBN 978-3-7074-1271-0
„Sophie - Zickenkrieg in der Ballettschule", Leseprofi, ISBN 978-3-7074-1288-8

www.ggverlag.at

ISBN 978-3-7074-1338-0

In der aktuell gültigen Rechtschreibung

2. Auflage 2011

Illustration: Sabine Kranz
Gesamtherstellung: Imprint, Ljubljana

© 2011 G&G Verlagsgesellschaft mbH, Wien
Alle Rechte vorbehalten. Jede Art der Vervielfältigung, auch die des auszugsweisen Nachdrucks,
der fotomechanischen Wiedergabe sowie der Einspeicherung und Verarbeitung in elektronische Systeme,
gesetzlich verboten. Aus Umweltschutzgründen wurde dieses Buch
auf chlorfrei gebleichtem Papier gedruckt.

Inhalt

1. Leonies Angst............. 4
2. Ein Gefühl im Bauch.... 14
3. Das Monster 22
4. Ein neuer Freund 30

Leonies Angst

Leonie ist ein Schulkind.

Sie geht in die erste Klasse.

Leonie mag ihre Lehrerin.

Die ist urlieb.

Leonie kann schon lesen.

Besser als ihre Freundin Pia.

Aber sie mag nicht aufzeigen.

Selbst wenn sie etwas weiß.

Leonie hat Angst.

Wovor hat Leonie Angst?

Ein Gefühl im Bauch

Dass sie ausgelacht wird.
Oder etwas nicht kann.

Dann hat sie ein komisches Gefühl im Bauch.

Leonie wohnt in einem gelben Haus.

Im Wohnzimmer steht ein großer Tisch.

Wenn Leonie
ein komisches Gefühl
im Bauch hat ...

setzt sie sich unter den Tisch.
Das ist ihr Geheimplatz.

In der Schule hat Felix
ihren roten Stift genommen.

Leonie will ihn wieder haben.
Sie hat Angst, es zu sagen.

Das Monster

Sie setzt sich zu Hause unter den Tisch. Mama ist besorgt. „Was ist los?", fragt sie.

Sie merkt, dass Leonie wütend ist. „Möchtest du deine Wut laut hinausschreien?"

Das ist eine gute Idee.
Leonie probiert es sofort aus.
Mama muss lachen.

Auch Leonie muss lachen und es geht ihr gleich viel besser.

Leonie hat eine Schwester.
Sie heißt Lena. Lenas
Freundin Hanna ist da.

„Wer schreit da?", fragt sie.
Mama sagt: „Wir haben ein Monster unter dem Tisch."

Leonie gefällt die Idee mit dem Monster. Monster sind stark und haben vor nichts Angst.

„Vielleicht soll ich das Monster mit in die Schule nehmen?", überlegt sie.

Ein neuer Freund

Auf dem Weg zur Schule trifft sie Felix. Das Monster verlangt laut den roten Stift zurück. Felix kramt in seiner Tasche.

„Ups! Darauf habe ich total vergessen." Er lächelt Leonie an. Da hat sie wieder ein Gefühl im Bauch. Ein gutes.

Leonie möchte Felix gerne zu sich nach Hause einladen.
Da fällt ihr das Monster ein.
Das Monster soll ihn fragen.

Felix freut sich über die Einladung. Am Nachmittag kommt er zu Leonie.
Sie ist sehr aufgeregt.

Es ist schön, mit Felix zu spielen. Leonie zeigt ihm ihren Geheimplatz und erzählt ihm von ihrem Monster.

Sie setzen sich unter den Tisch und brüllen.
Dann zerkugeln sie sich vor Lachen.

Am nächsten Tag gehen
Leonie und Felix gemeinsam
zum Spielplatz.
Felix fragt: „Wollen wir
auf den Turm klettern?"

Leonie ist noch nie auf den Turm geklettert. Zögernd schaut sie auf die Seile. Das Monster sagt energisch: „Das schaffen wir locker!"

Leonies Herz beginnt zu klopfen. Soll sie sich wirklich trauen? Sie macht den ersten Schritt. Plötzlich ist sie oben. Felix ruft: „Du bist sehr mutig!"

Leonie hat es geschafft!
Sie braucht kein Monster mehr.
Und sie hat keine Angst mehr
zu sagen, was sie möchte.
Das fühlt sich richtig gut an!

Weitere Lesezug-Bücher finden Sie unter
www.lesezug.at

ISBN 978-3-7074-1097-6
1. Klasse, ab 5/6 Jahren

ISBN 978-3-7074-0337-4
1. Klasse, ab 5/6 Jahren

ISBN 978-3-7074-0338-1
1. Klasse, ab 5/6 Jahren

ISBN 978-3-7074-0386-2
1. Klasse, ab 5/6 Jahren

ISBN 978-3-7074-1052-5
1. Klasse, ab 5/6 Jahren

ISBN 978-3-7074-1132-4
1. Klasse, ab 5/6 Jahren

ISBN 978-3-7074-1281-9
1. Klasse, ab 5/6 Jahren

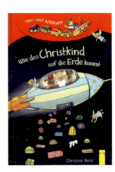

ISBN 978-3-7074-1337-3
1. Klasse, ab 5/6 Jahren

ISBN 978-3-7074-0341-1
1. Klasse, ab 5/6 Jahren

ISBN 978-3-7074-0339-8
1. Klasse, ab 5/6 Jahren

ISBN 978-3-7074-0403-6
1. Klasse, ab 5/6 Jahren

ISBN 978-3-7074-0392-3
1. Klasse, ab 5/6 Jahren

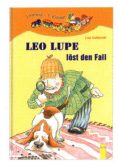
ISBN 978-3-7074-1133-1
1. Klasse, ab 5/6 Jahren

ISBN 978-3-7074-1180-5
1. Klasse, ab 5/6 Jahren

ISBN 978-3-7074-1230-7
1. Klasse, ab 5/6 Jahren

ISBN 978-3-7074-0342-8
1. Klasse, ab 5/6 Jahren

ISBN 978-3-7074-0340-4
1. Klasse, ab 5/6 Jahren

ISBN 978-3-7074-0344-2
2. Klasse, ab 6/7 Jahren

ISBN 978-3-7074-0371-8
2. Klasse, ab 6/7 Jahren

ISBN 978-3-7074-1098-3
2. Klasse, ab 6/7 Jahren

ISBN 978-3-7074-0345-9
2. Klasse, ab 6/7 Jahren

ISBN 978-3-7074-1104-0
2. Klasse, ab 6/7 Jahren

ISBN 978-3-7074-1053-2
2. Klasse, ab 6/7 Jahren

ISBN 978-3-7074-0358-9
2. Klasse, ab 6/7 Jahren

ISBN 978-3-7074-1181-2
2. Klasse, ab 6/7 Jahren

ISBN 978-3-7074-1231-4
2. Klasse, ab 6/7 Jahren

ISBN 978-3-7074-1260-4
2. Klasse, ab 6/7 Jahren

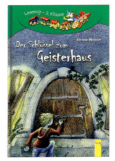
ISBN 978-3-7074-0354-1
3. Klasse, ab 7/8 Jahren